79
81
72
69

HOLGER AUE

The Race is on

Spaßiges von der Rennstrecke

LAPPAN

RENNTRAINING
HE LEUTE, NÄCHSTE WOCHE ISN RENNTRAINING AUF DEM KARBUNKELRING! WOLLN WIR DA HIN?
AU JA!!
KLAR!
RACING ACADEMY
. OH MANN, ICH BIN JA SCHON SO AUFGEREGT! ...
PADDOCK
BOH SUPER, WIR DÜRFEN INS FAHRERLAGER! DA SIND WIR MITTEN DRIN IM GESCHEHEN!
5
ANMELDUNG

SO, HIER SIND EURE STARTNUMMERN!
HÖ, HÖ... WOZU BRAUCHT MAN DENN AUF DER TRIBÜNE STARTNUMMERN?
WIESO TRIBÜNE? DIE BRAUCHEN WIR ZUM FAHREN!
WIE JETZT - FAHREN!? ... SELBER FAHREN? ... ICH DACHTE, WIR KUCKEN NUR ZU!!
H. AUE

NEUES VON
GUNTBERT
KOWALLEK,
DEM LANGSAMSTEN
RENNFAHRER
DER WELT
HALLO, ICH BIN DER GUNTBERT, EUER INSTRUKTOR.
RENN-TRAINING
UND LOS GEHTS!
INSTRUKTOR
MOOOOOO
MEIN GOTT, FÄHRT DER LAHM!
CHRRR-ZZZZZ...
ENENENENNN
HELP!
198

HALLO? DAS IST DIE START/ZIEL-GERADE... DA KÖNNTE MAN MAL GAS GEBEN!
ROOA
EEN-DENNDENNDENN
198
HELP!
7
INSTRUKTOR
GESUCHT!
H. AUE

DER FAHRWERKS-GURU
MIST! ICH BIN ZU LANGSAM!!
RAA
... AN MIR KANNS NICHT LIEGEN! ... DAS MOTORRAD IS SCHULD!
SOWIESO!
... MUSS MAL DAS FAHRWERK VON NEM EXPERTEN EINSTELLEN LASSEN...
JA NEE, IS' KLAR! AM FAHRWERK LIEGTS! ... KANN JA NUR!
HMM, HMM..
JAA... JAAA...
SETUP-SEPP DER FAHRWERKS-GURU
RACERS HARDWARE
WIPP WIPP
ALLES SUPER... DER IS NUR ZU BLÖD ZUM FAHREN!
OKAY, SCHIEB REIN! IN NER HALBEN STUNDE KANNSTE SIE WIEDER ABHOLEN!
KANN ICH NICHT ZUKUCKEN?
AUF KEINEN FALL! ICH BRAUCH RUHE ZUM ARBEITEN!!

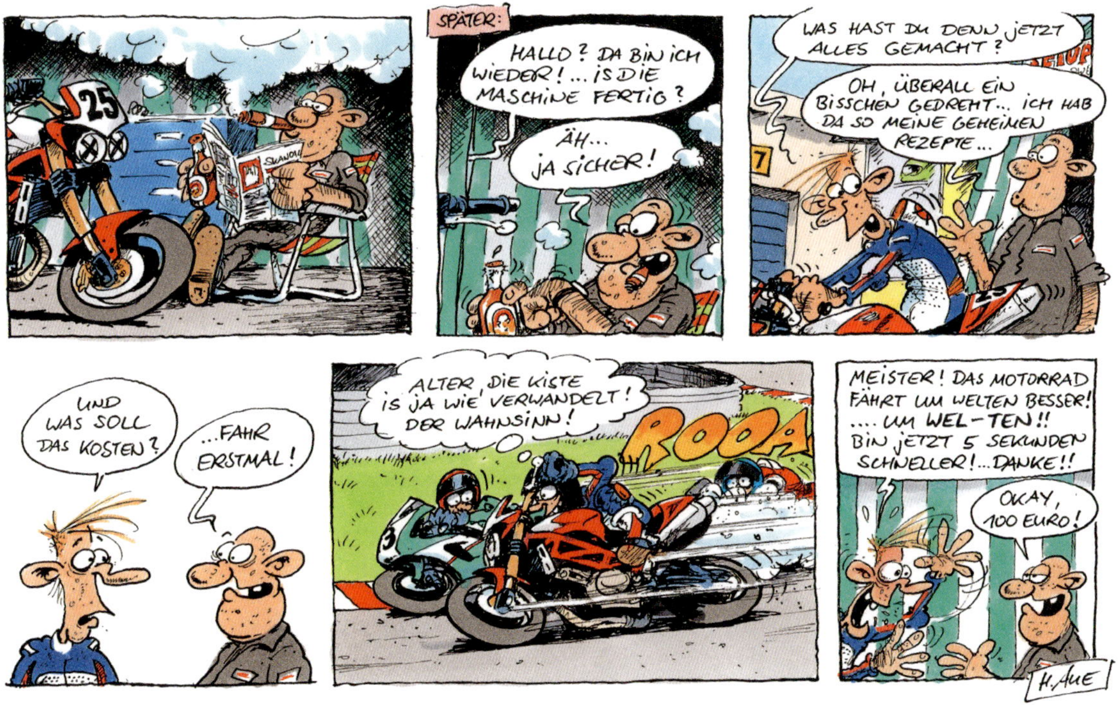
SPÄTER:
HALLO? DA BIN ICH WIEDER! ... IS DIE MASCHINE FERTIG?
ÄH... JA SICHER!
WAS HAST DU DENN JETZT ALLES GEMACHT?
OH, ÜBERALL EIN BISSCHEN GEDREHT... ICH HAB DA SO MEINE GEHEIMEN REZEPTE...
UND WAS SOLL DAS KOSTEN?
...FAHR ERSTMAL!
ALTER, DIE KISTE IS JA WIE VERWANDELT! DER WAHNSINN!
ROOA
MEISTER! DAS MOTORRAD FÄHRT UM WELTEN BESSER! .... UM WEL-TEN!! BIN JETZT 5 SEKUNDEN SCHNELLER! ... DANKE!!
OKAY, 100 EURO!
H. AUE

B. B. BREIDSCHEID ALS
SCHMIERMAXE
JUNGS, ICH BRAUCH'N BEIFAHRER FÜR DAS RENNEN! MEIN SCHMIERMAXE HAT MAGEN-DARM... HAT EINER VON EUCH LUST?
JÖÖRG!! ...UULRICH!
MÜLL
HIER, ICH!
HASTE DAS SCHON MAL GEMACHT?
NÖ! ABER ZUGEKUCKT!
AM BESTEN DU MACHST GARNIX!
HALT DICH EINFACH NUR GUT FEST!
OKEH!

ICH HÄNG MICH MAL RAUS!... SO SCHWIERIG KANN DAS JA WOHL NICHT SEIN!
BRAAAAA
ROAAAA
BUMP!
IN DEN KURVEN LIEGT SIE HEUTE NICHT BESONDERS... DAFÜR GEHT DER MOTOR WIE DIE SAU!!
2 LAPS
VRAAAAA
DER TYP KOMMT MIR IRGENDWIE BEKANNT VOR...
RWAA
BRAAA
BRAA
H. AUE

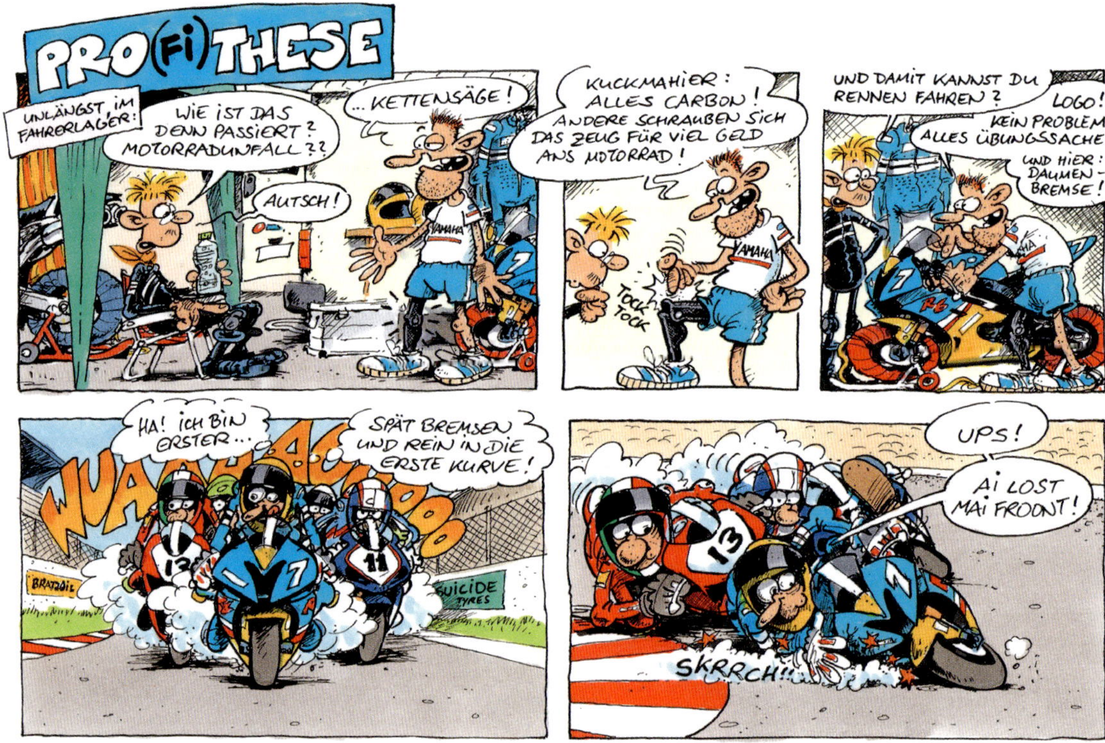
PRO(FI)THESE
UNLÄNGST IM FAHRERLAGER:
WIE IST DAS DENN PASSIERT? MOTORRADUNFALL??
...KETTENSÄGE!
AUTSCH!
KUCKMAHIER: ALLES CARBON! ANDERE SCHRAUBEN SICH DAS ZEUG FÜR VIEL GELD ANS MOTORRAD!
TOCK TOCK
UND DAMIT KANNST DU RENNEN FAHREN?
LOGO!
KEIN PROBLEM, ALLES ÜBUNGSSACHE!
UND HIER: DAUMEN-BREMSE!
HA! ICH BIN ERSTER...
SPÄT BREMSEN UND REIN IN DIE ERSTE KURVE!
WUAAAAAOOOOO
SUICIDE TYRES
UPS!
AI LOST MAI FROONT!
SKRRCH!!

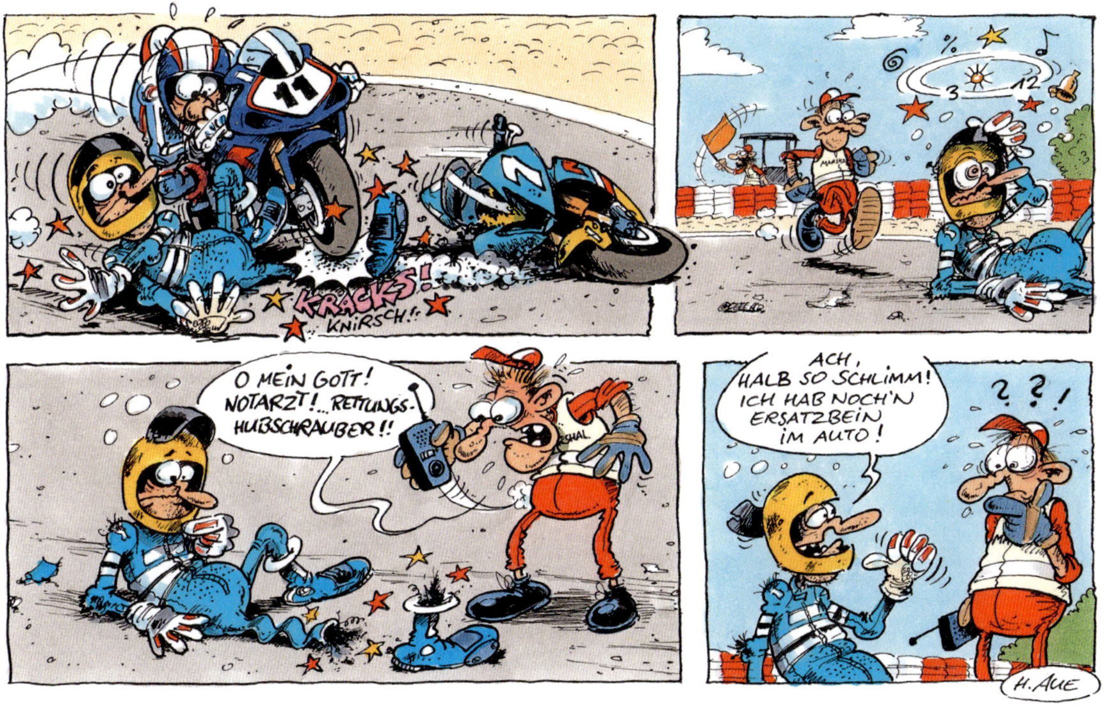
KRACKS!
KNIRSCH!
O MEIN GOTT! NOTARZT!... RETTUNGS-HUBSCHRAUBER!!
ACH, HALB SO SCHLIMM! ICH HAB NOCH'N ERSATZBEIN IM AUTO!
? ? !
H. AUE

GAR NICHT MAL SO BLÖD EIGENTLICH ....
FUCK! DER BOCK IST ZU LANGSAM !!!
ROOOO
PLAN :
= 200 Km/h =
= 265 Km/h =
FETTER MAGNET
=
AUCH 265 Km/h !
HA! DAS BRINGT MICH VORWÄRTS !
74
CAGIVA
VORSTART
ROOOO
PANG!
WUSCH
ZWWIT
SST
WSST
ZZZP

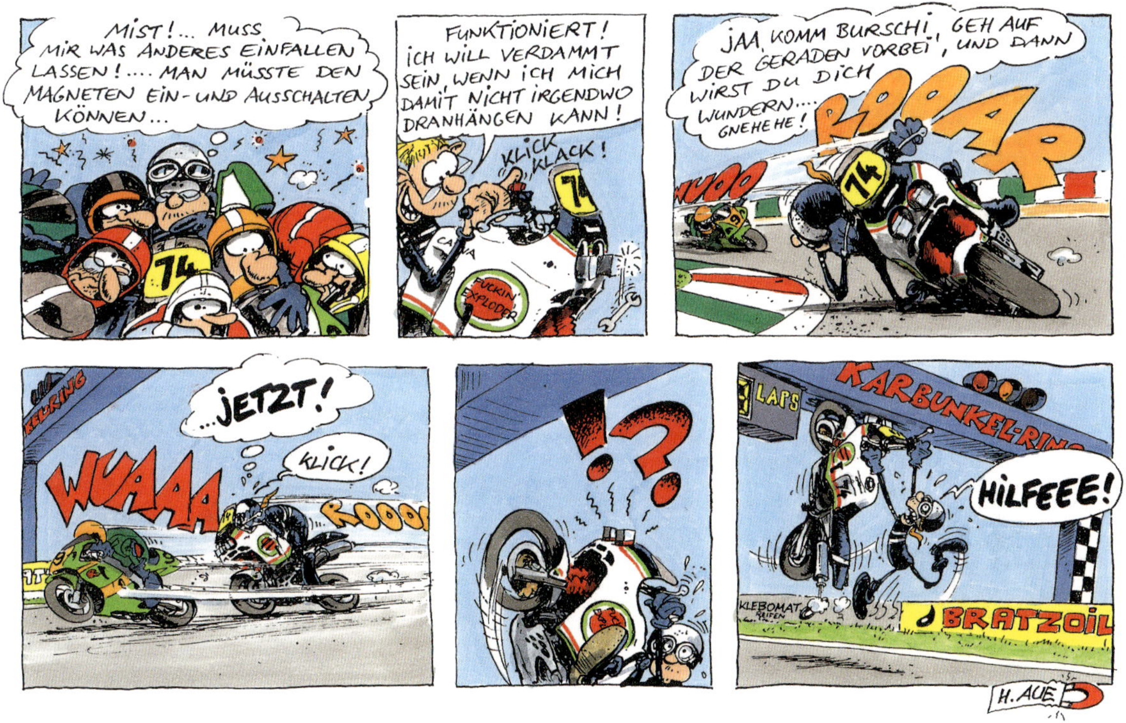
MIST!... MUSS MIR WAS ANDERES EINFALLEN LASSEN!.... MAN MÜSSTE DEN MAGNETEN EIN- UND AUSSCHALTEN KÖNNEN...
FUNKTIONIERT! ICH WILL VERDAMMT SEIN, WENN ICH MICH DAMIT NICHT IRGENDWO DRANHÄNGEN KANN!
KLICK KLACK!
FUCKIN' EXPLODER
JAA, KOMM BURSCHI, GEH AUF DER GERADEN VORBEI, UND DANN WIRST DU DICH WUNDERN.... GNEHEHE!
ROOAR
WUOO
...JETZT!
KLICK!
WUAAA
ROOO
!?
LAPS
KARBUNKEL-RING
HILFEEE!
KLEBOMAT REIFEN
BRATZOIL
H. AUE

SPORT-TAPING
CAFE-RACER WEEKEND
KARBUNKEL-RING
UND DENKT DRAN: BEVOR IHR AUF DIE STRECKE GEHT, ALLE GLÄSER ABKLEBEN: SCHEINWERFER, BLINKER, SPIEGEL UNDSOWEITER...
LOGO!
SICHER!
...TÜRLICH!
WILLI, DAS DARFST DU MACHEN! HAST JA SONST NIX ZU TUN ALS MEIN MECHANIKER...
MM...
SO, HAB ALLE GLÄSER ABGEKLEBT, HARRY!
DANN KANNS JA LOSGEHN!
PLATZ DA, IHR ANFÄNGER, JETZT KOMMT HARRY!!
BRAA

?
RAAAAAAA
BRA
BUMPF!
GRR! WO IST WILLI, DER IDIOT? ICH BRING IHN UM! ...WILLII!
H. Aue

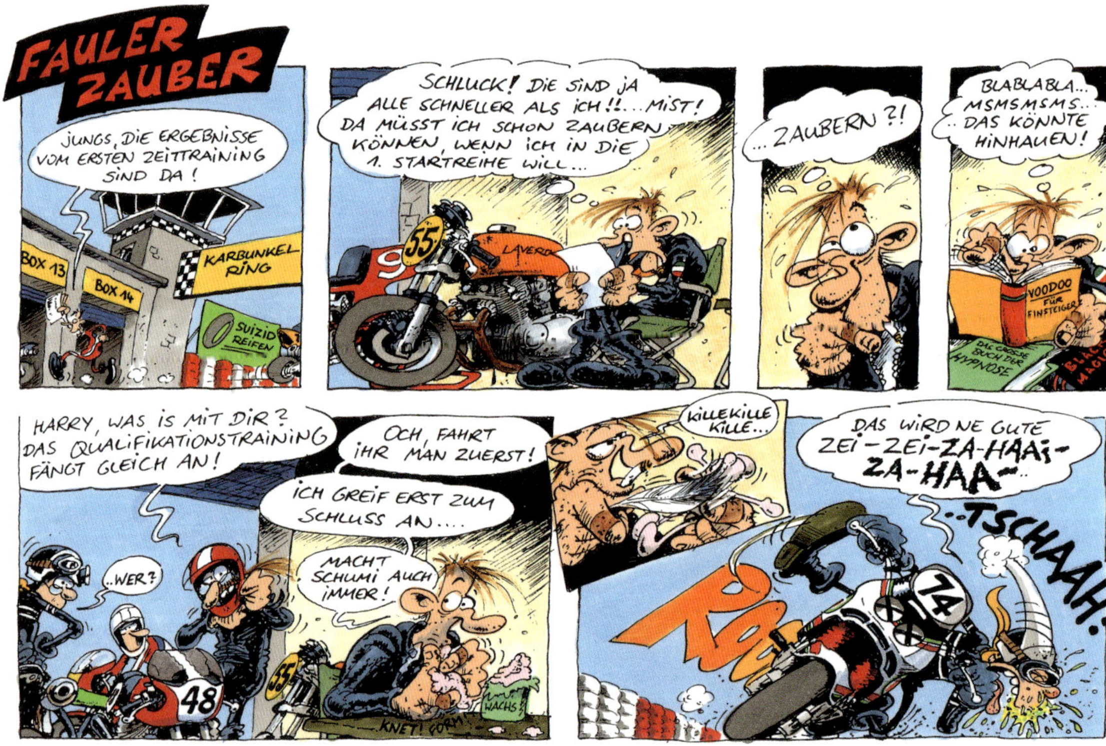
FAULER ZAUBER
JUNGS, DIE ERGEBNISSE VOM ERSTEN ZEITTRAINING SIND DA!
BOX 13
BOX 14
KARBUNKEL RING
SUIZID REIFEN
SCHLUCK! DIE SIND JA ALLE SCHNELLER ALS ICH!!...MIST! DA MÜSST ICH SCHON ZAUBERN KÖNNEN, WENN ICH IN DIE 1. STARTREIHE WILL...
...ZAUBERN?!
BLABLABLA... MSMSMSMS... ..DAS KÖNNTE HINHAUEN!
VOODOO FÜR EINSTEIGER
DAS GROSSE BUCH DER HYPNOSE
BLACK MAGIC
HARRY, WAS IS MIT DIR? DAS QUALIFIKATIONSTRAINING FÄNGT GLEICH AN!
OCH, FAHRT IHR MAN ZUERST!
ICH GREIF ERST ZUM SCHLUSS AN....
..WER?
MACHT SCHUMI AUCH IMMER!
WACHS
KNET! GORM
KILLEKILLE KILLE...
DAS WIRD NE GUTE ZEI-ZEI-ZA-HAA-ZA-HAA-..
..TSCHAAAH!
ROO

AARGH! EIN KRAMPF IN DER GASHAND!! OUAAAH! ICH KANN NICH MEHR VOLLGAS GEBEN!
48
MOTOR-EX RACING OIL
HEE, WAS....? EIN VERGASERBRAND! AUA-AUA-AUAAA!
SCHEISSE! NICH EINE GUTE RUNDE GESCHAFFT!
ECHT DO! DAS IS JA WIE VERHEXT!!
...VERHEXT?
SO, DEN NOCH UND DANN FAHR ICH...
...AUF DIE POLE-PO...PO... SISCHN...
H. AUE

ZAHN UM ZAHN
MIST! VOLL AUSGEDREHT UND ICH WERD TROTZDEM DURCHGEREICHT! .... MUSS LÄNGER ÜBERSETZEN!!
KARBUNKELRIN
WILLI, DER OFEN IS ZU KURZ ÜBERSETZT! ... ICH WÜRD SAGEN, HINTEN ZWEI ZÄHNE WENIGER, DANN PASSTS!
MHM...
DAS IS DEIN JOB ALS MECHANIKER'!
GEHT LOS, HARRY!
ICH GEH SO LANGE HINTERS ZELT UND NUTZE DIE ZEIT...
... FÜR DIE KONZENTRATIONS-PHASE!

NIEK! KRRZ NIEK! KRRZ NIEK! KRRZ
CHRR-ZZZZ-CHRRR-ZZZ-...HÄ?
WAS MACHT ER DENN DA?
NIEK NIEK NIEK! NIEK KRRZ NIEK!
FERTIG, WILLI?
...JO!
HIER, HARRY:
ZWEI ZÄHNE WENIGER! ...GUT SO?
I-AA!
YAMA
H. AUE

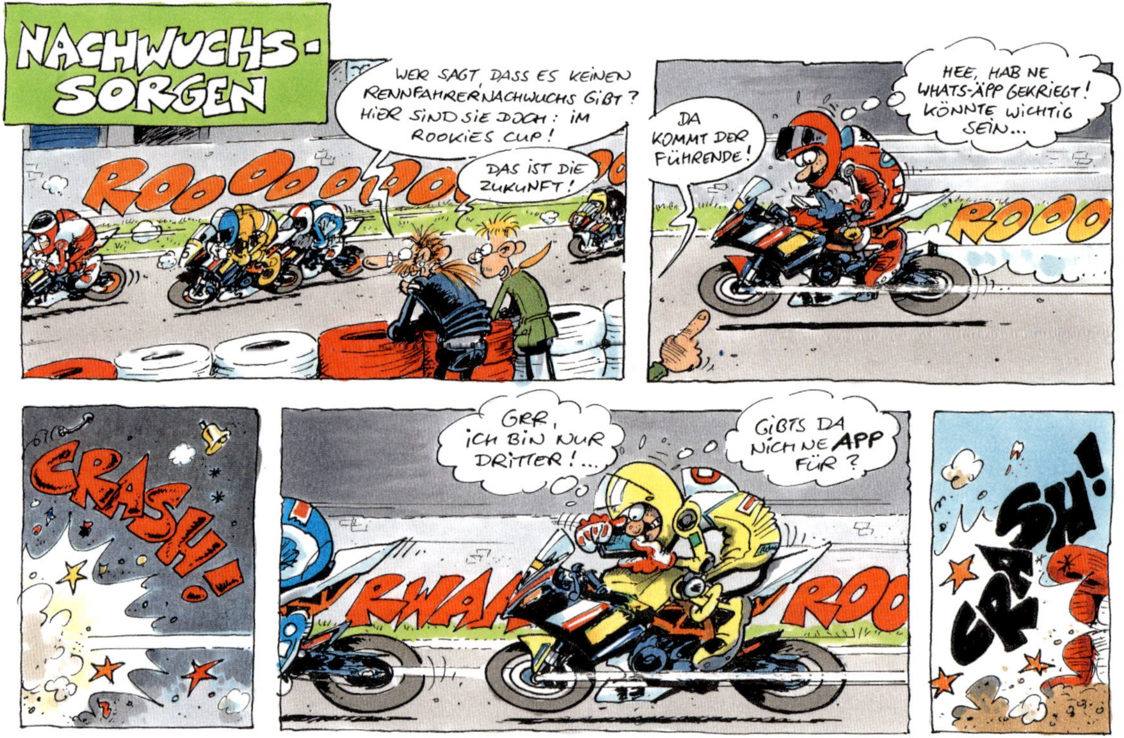
NACHWUCHS-SORGEN
WER SAGT, DASS ES KEINEN RENNFAHRERNACHWUCHS GIBT? HIER SIND SIE DOCH: IM ROOKIES CUP!
DAS IST DIE ZUKUNFT!
ROOOOOOOO
DA KOMMT DER FÜHRENDE!
HEE, HAB NE WHATS-ÄPP GEKRIEGT! KÖNNTE WICHTIG SEIN...
ROOO
CRASH!
GRR, ICH BIN NUR DRITTER!...
GIBTS DA NICH NE APP FÜR?
RWAA
ROO
CRASH!

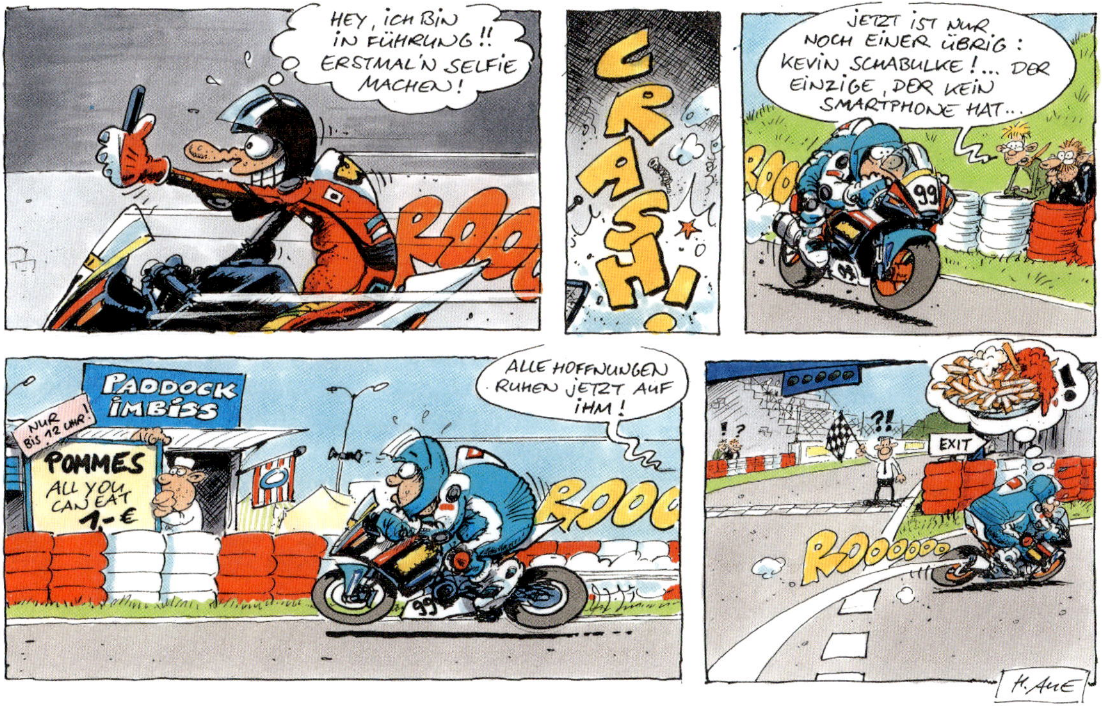
HEY, ICH BIN IN FÜHRUNG!! ERSTMAL'N SELFIE MACHEN!
ROOO
CRASH!
JETZT IST NUR NOCH EINER ÜBRIG: KEVIN SCHABULKE!... DER EINZIGE, DER KEIN SMARTPHONE HAT...
ROOO
99
PADDOCK IMBISS
NUR BIS 12 UHR!
POMMES
ALL YOU CAN EAT
1,- €
ALLE HOFFNUNGEN RUHEN JETZT AUF IHM!
ROOO
99
!?
?!
EXIT
ROOOOOO
!
H. AUE

TAKTIK
IN NER HALBEN STUNDE IS' ZEITTRAINING!... WILL UNBEDINGT'N PLATZ IN DER 1. STARTREIHE RAUSFAHREN!!
KARBUNKELRING
GEWICHT SPAREN HEISST DAS ZAUBERWORT! DIE ANDEREN HAUEN SICH DIE TANKS VOLL SPRIT, ICH HINGEGEN WERDE MIT EINER EXAKT BERECHNETEN MENGE KRAFTSTOFF JAGD AUF DIE BESTZEIT MACHEN...
SCHWALL!
GLU GLU GLU
ALSO... DREI SCHNELLE RUNDEN A 3,6 KM MACHT... HMHM-HM... EINEN IM SINN... EINEN RUNTERHOLEN... BEI EINEM VERBRAUCH VON... HM-HM HMMM... ALLES KLAR, ICH HABS!!
SSSOO, DIESE 183 mL NOCH, DANN PASSTS!
UND ALS LETZTE MASSNAHME NOCH MAL SCHNELL AUFS KLO... OHA, SCHÄTZE, DAS BRINGT LOCKER 'N SATTES PFUND!!
ICH FAHR SCHON MAL EXTRA FRÜH ZUM VORSTART, DANN STEH ICH GANZ VORN, KANN ALS ERSTER LOSFAHRN UND HAB FREIE BAHN!!
RACER'S HARDWARE
GROOOOO
VORSTART

KCCHHZ
PIIIEP!
FRRZCH
VROOO
5 min
GROUOO
TWEET!
FRRZ!...
TÜDELÜT
ROOO
ROOOO
EEEEOW
WAAAAA
?!
LEER
POF!
E F
H. AUE

MOTIVATIONS-TRAINING
NORD-SCHLEIFE
VROO
DIE JUNGS HÄNGEN MICH SCHON WIEDER AB... ABER ICH TRAU MICH NICH SCHNELLER!
HÖÄH? WAS IST DAS?
GULP! ICH DARF MICH AUF KEINEN FALL VON NER HARLEY ÜBERHOLEN LASSEN! ... ALSO, GASS!
VERDAMMT! ER LÄSST SICH NICHT ABSCHÜTTELN!
BRA
OHO! WILLI HOLT AUF!
DER IS JA IMMER NOCH DA!
DAS GIBTS DOCH GAR NICHT...

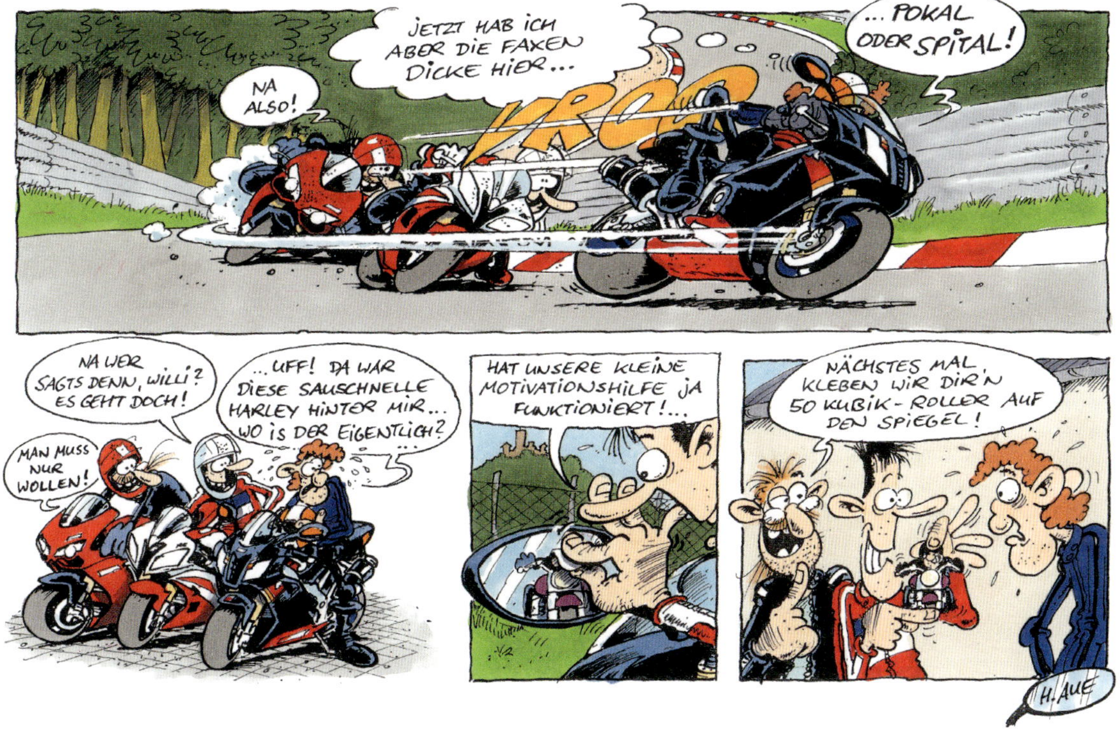
NA ALSO!
JETZT HAB ICH ABER DIE FAXEN DICKE HIER...
VROOO
...POKAL ODER SPITAL!
NA WER SAGTS DENN, WILLI? ES GEHT DOCH!
MAN MUSS NUR WOLLEN!
...UFF! DA WAR DIESE SAUSCHNELLE HARLEY HINTER MIR... WO IS DER EIGENTLICH?
HAT UNSERE KLEINE MOTIVATIONSHILFE JA FUNKTIONIERT!...
NÄCHSTES MAL KLEBEN WIR DIR'N 50 KUBIK-ROLLER AUF DEN SPIEGEL!
H. AUE

SCHLEIZER GESCHISCHDN
DAS SCHLEIZER DREIECK IST NOCH EINE ECHTE NATUR-RENNSTRECKE ...
ROAA
WENN DIR HIER DIE STRASSE AUSGEHT, KANN ES PASSIEREN, DASS DU STATT IM KIESBETT ....
iiikikikik
... IM MAISFELD LANDEST!
RATZ!
RASCHEL RASCHEL
KRACK
KNIK KNAK!
DAS HEISST FÜR DIE STRECKENPOSTEN: SUCHEEN!
MARSHAL

NU WO ISSER DENN?
HIER, ISCH HABN!
DER WEHRT SISCH OBER!
WORDEMOL, ISCH BACK MIT AN!
SÖO, MEI GUDSDER, DA SIMMER SCHÖUN...
GRUNZ!
ZOSCH
WUSCH
VERDAMMT! WO IS MEIN MOTORRAD?... AH, HIER... NEE, DAS IS NE SUZUKI... DIE MUSS HIER SCHON LÄNGER LIEGEN... UND WO BLEIBEN DIE STRECKENPOSTEN?... AH, ICH HÖR WAS TRAPPELN, DAS MÜSSEN SIE SEIN!...
OIINK!
TROMP TROMP TROMP!
H. AUE

HIGH-SLIDER
RACER'S HARDWARE
MOIN! ICH BRAUCH NEUE KNIESCHLEIFER!
TYRE SE
HENK DE VRIES AMSTERDAM
DA HAB IK EEN CHANZ DOLLE NEUE SCHACHE: KNIESLIDERS AUS CHEPRESSTE HANF! IS TOUTAAL ÖIKOLOUGISCH, KEEN MIKROUPLASTIK OP DE STRAAT UND SOU! ECHT SCHUPER! NUR VIERENTWINTICHFEIFTICH...
NEHM' ICH!
TOK TOK
BRATZOIL
GROAAAAA
SKRRRCHH
HEEY... DIE HAM DIE SCHTRECKE UMGEBAUT!
...UND ALLES GANZ BUNT GEMACHT...

WOW!... DAS ENDE DES REGENBOGENS!... DA FAH'ICH HIN!!
MEINE FANKURVE! COOEL!!
VROAA
SKRRCH
HAHAA!
DA GEHTS LANG! ...HEHE!
WUOOOOO
CRASH!
JOUUHUU!!
KARBU
Ei BILIEF Ei CAN FLAAII...
LUMPENSAMMLER
MAKE LOVE NOT... DINGSBUMS!..
JAA, ICH HAB EUCH ALLE LIIEB, TSS-SS-SS!!
??
ROO
PLUMPS!
HiHi!
FFFMPFN!
LAND IN SICHT!... SKIPPER AHDI!!
H. AUE

START-
HILFE
LETZTE WOCHE, AM KARBUNKELRING:
SCHEISSE! STARTMASCHINE VERRECKT!
HASTE KEINEN ANLASSER?
...IS KAPUTT!
KARB
AN-SCHIEBEN?
VERGISS ES!
HM... UND NU?
...LEG MAL DEN 2. GANG EIN!

D-DANKE...!
DA NICH FÜR!
VROM!
VLOM VLOM VLOM
H. AUE

WINDSCHATTEN
VERDAMMT! DIE TRIUMPH GEHT BESSER ALS MEINE R6!
DA HAB ICH NUR EINE CHANCE: ICH MUSS MICH IN SEINEN WINDSCHATTEN HÄNGEN!
SOO, JETZT SCHÖN RANSAUGEN...

UND DRANBLEIBEN! DRAN-BLEI-BEEEN!
OH SHIT! BREMSPUNKT VERPASST!!
GRWA
UFF!
HASTE JA NOCH MAL SCHWEIN GEHABT...
!
ICH WOLLTE GRADE AUS DEM WINDSCHATTEN RAUSZIEHEN UND DICH ÜBERHOLEN!
BLA BLA BLA!
H. AUE

LOGISTIK
DAS IS UNGERECHT!... DIE ANDERN VERGNÜGEN SICH AUF DER RENNSTRECKE UND ICH MUSS BENZIN HOLEN!... NÄCHSTES MAL KÖNNEN DIE SICH 'N ANDEREN BLÖDEN SUCHEN...
HEE WILLI, HÜPF DRAUF, ICH NEHM DICH MIT!
ECHT? ...COOL!
WIR MÜSSEN NACH BOX 13 HIN!
GEHT KLAR!
PROOOO
SKRRCHCH
PRRRR
KRRCHCHCHRCH
ICH SAG IMMER: BESSER SCHLECHT GEFAHRN ALS GUT GELAUFEN, MAMA!
JOUP! SAG ICH AUCH IMMER!
ROOOOOOOOO

FLIP
FUMP
PROOOOOO
KRRRCHCHCH
WOSH!
SPRIT KOOOMT!
13
PRRR
ALTÖL
NANU, DA IST JA EIN LOCH IM KA..
WOUM
HALLO? LUFTHANSA?... EIN FLUGTICKET IN EIN SÜD-AMERIKANISCHES LAND!...WELCHES? EGAL, HAUPTSACHE, MAN STELLT DORT KEINE FRAGEN!
WILLI! STELL DICH, DU FEIGE SAU!!
H. ALLE

AU BACKE!
ACH MIST, ICH HAB JA NOCH GAR KEINE STARTNUMMERN DRAUF!
... HATTE KEINE ZEIT ZUM ZAHLEN AUSSCHNIPPELN!
STARTNUMMERN KANNSTE IM RENNBÜRO KAUFEN!
SACK
KARBUNKEL-RING
MOTO mania
RACING TEAM
RENNBÜR

HALLO!
WAS KOSTET'N BEI DIR NE NUMMER?
ZEITPLAN
KLATSCH
WAS HAST DU DENN DA?
OOCH, NIX! MUSS WOHL'N SONNENBRAND SEIN...
H. AUE

THE WINNER TAKES IT ALL
DIE POKALE FÜR DEN ZWEITEN UND DRITTEN PLATZ WERDEN NACH DEM RENNEN VON JULIA UND CHANTAL ÜBERREICHT...
WOW!
FUOH!
YEAH!
UND DER SIEGER BEKOMMT DIESEN HERRLICHEN POTT MIT EINEM DICKEN KUSS VON...
JAQUELINE, DER TOCHTER UNSERES HAUPTSPONSORS!
MÖGE DER BESTE GEWINNEN...
START/ZIEL
WUUAAR
DER KAMPF UM DIE POSITIONEN IST HART, ABER FAIR...
DAS FELD KOMMT AUS DER LETZTEN KURVE:
ERSTER! ICH BIN ERSTER!!

BUSSI!
Bullshit
H. AUE

Holger Aue,

kachelt seit 1960 durch die Welt. Schon als Kind wurde er mit dem Motorradvirus infiziert. Außerdem war er Speditionskaufmann, Zeitsoldat, Maschinenführer und Baumdoktor, bevor er seine Berufung auch zum Beruf machte: Motorradfahren – und zeichnen. Und das hat er dann auch studiert. Also, Illustration, nicht Moppedfahren. Seit 1994 erscheint MOTOmania regelmäßig in der Zeitschrift MOTORRAD.

FSC®
www.fsc.org
MIX
Papier aus verantwortungsvollen Quellen
FSC® C002795

1. Auflage 2022
– Originalausgabe –

ISBN 978-3-8303-8525-7

Zeichnungen und Texte: Holger Aue
Kolorierung: Doris Wendlandt
Lektorat: Ralf Wagner
Layout und Herstellung: Ralf Wagner
Covergestaltung: Ralf Wagner

Wir produzieren nachhaltig
• Klimaneutrales Produkt
• Papiere aus nachhaltigen und kontrollierten Quellen
• Hergestellt in Europa

Die Sammelbände

Die Einzelbände

Die Sonderbände

Jedes Jahr Großes für die Wand

in DIN A2

Von MOTOmania gibt es noch mehr ...

Schaut mal hier: WWW.MOTOMANIA.DE